Una Vida Generosa

Administrando fielmente lo que Dios te ha dado para que el Reino avance

Robert E. Logan
con Charles R. Ridley

Publicado por Logan Leadership

Visítenos en: **www.discipleshipdifference.com**
A menos de que se indique de manera distinta, todas las citas de la Escritura fueron tomadas de La Santa Biblia, Nueva Versión Internacional, copyright © 1999, 2011-2015 por Biblica®. Usado con permiso de Biblica®, 1820 Jet Stream Drive, CO Springs, 8092. Todos los derechos reservados.

ISBN: 978-1-944955-17-5

Impreso en los Estados Unidos de América

Reconocimiento

La habilidad de escritura excepcional de Tara Miller trae nuestros pensamientos e ideas a la vida. Por encima de otros, ella hace que este libro sea posible. Por muchos años, su colaboración creativa ha hecho posible el dar recursos escritos a la iglesia para que las personas puedan descubrir y vivir el propósito que Dios les ha dado.
Traducción al español por Cristina Di Stefano.

CONTENIDO

Creciendo en generosidad

Esta guía es una de las ocho guías de discipulado de la serie "Dimensiones del Discipulado." Lo importante no es la guía con la cual comiences. Empieza leyendo donde tú quieras, y continúa hacia donde Dios te dirija. Cuando vivimos en un ritmo y fluir dinámico de una vida misional, necesitamos escuchar la dirección del Espíritu Santo. Estas ocho guías están organizadas según el diagrama que se muestra a continuación; examínalo para ver cómo encajan juntas cada una de las piezas.

Vivir generosamente significa invertir bien lo que Dios nos ha dado – ya sean dones espirituales, nuestro hogar, nuestro tiempo, nuestro dinero o cualquier otra cosa que Dios nos ha confiado. Debemos practicar la generosidad en acuerdo con lo que creemos y con lo que estamos escuchando de parte de Dios. Debemos reconocer que todo lo que tenemos viene de Él y debemos administrarlo bien para el adelanto del Reino de Dios y su propósito.

»El reino de los cielos será también como un hombre que, al emprender un viaje, llamó a sus siervos y les encargó sus bienes. [15] A uno le dio cinco mil monedas de oro, a otro dos mil y a otro sólo mil, a cada uno según su capacidad. Luego se fue de viaje.
–Mateo 25:14-15

»El que es honrado en lo poco, también lo será en lo mucho; y el que no es íntegro en lo poco, tampoco lo será en lo mucho.
–Lucas 16:10

¿Cómo viviremos una vida radicalmente generosa? ¿Cómo viviremos sabiamente, administrando lo que Dios nos ha dado? ¿Hasta qué área de nuestra vida se extiende la generosidad? La guía "Una vida generosa" está diseñada para ayudarnos a meditar en preguntas como estas. El siguiente trayecto cubre estas cinco expresiones esenciales de una vida generosa:

- o Administrando tu tiempo y recursos según los propósitos del Reino
- o Usando tus dones espirituales para bendecir a los demás
- o Dando tu dinero generosa y sabiamente
- o Mostrando tu hospitalidad sin favoritismo

o   Viviendo el llamado que Dios te dio

"Las personas muy a menudo son irrazonables y están centradas en sí mismas. Aún así, perdónalas.
Si eres amable, otros te podrán acusar de motivos ocultos. Aún así, sé amable.
Si eres honesto, otros te podrán hacer trampa. Aún así, sé honesto.
Si encuentras felicidad, otros podrán ponerse celosos. Aún así, sé feliz.
El bien que hagas hoy se podrá olvidar mañana. Aún así, haz el bien.
Dale al mudo lo mejor que tengas y tal vez nunca sea suficiente. Aún así, da lo mejor.
Porque al final, todo queda entre tú y Dios. Nunca se trató de algo entre tú y ellos."

-   Kent Keith

Reúnete con un grupo de tres o cuatro para hablar de cada una de estas expresiones. Hazle a cada uno las siguientes preguntas. Espera, y pon atención a las respuestas que surgen del corazón. Anímense, desafíense y afírmense uno al otro. Vayan a su propio paso: pueden estudiar una guía a la semana, o una guía cada mes. Sigan cualquier ritmo que funcione mejor para ustedes. Asegúrense de dejar tiempo suficiente para comenzar a vivir cada una de estas conductas.

1ª Parte:

Administrando tu tiempo y tus recursos según los propósitos del Reino

Pregunta clave: ¿*Cómo estás administrando tu tiempo y tus recursos para el reino?*

Dios nos ha confiado ciertos recursos a cada uno de nosotros: recursos que debemos usar para su Reino. Debemos administrarlos sabiamente en un sentido integral: ahorrando, invirtiendo, dando. Tener una estrategia administrativa buena en general en nuestras vidas nos coloca en una mejor posición para vivir generosamente en todas las distintas maneras en las que Dios quiere que seamos generosos.

> "La abundancia no es la provisión de Dios para que yo viva con lujos. Es su provisión para que yo ayude a otros a vivir. Dios me confía con su dinero, no para que yo construya mi reino en la Tierra, sino para que yo edifique su Reino en el Cielo." – Randy Alcorn

Muy a menudo pensamos sólo en dinero cuando pensamos en la generosidad. Pero, ¿qué más nos ha confiado Dios? Si tenemos una abundancia de tiempo por no estar empleados o por habernos retirado, podemos usar este tiempo para la oración y el servicio. Si tenemos una casa, la podemos usar para darle la bienvenida a otros. Si hablamos inglés, podemos enseñarle el idioma a estudiantes internacionales. Si podemos leer, podemos ayudarle a niños con su lectura. Si tenemos buenas conexiones en la sociedad, podemos conectar a personas con otros para que se reúnan a lograr algo para el Reino. Hay muchísimas maneras en las que Dios nos ha dotado, y casi nunca las reconocemos.

> **Contando tus bienes**
>
> Escribe una lista de todo lo que Dios te ha confiado: tiempo, dones, recursos, situaciones, habilidades, etc. Escribe lo más que puedas en la lista. Ahora ora por cada uno de estos bienes y pregúntale a Dios cómo quiere que los administres para su Reino

Esta semana lee y reflexiona diariamente en la Escritura presentada a continuación. Comienza un fluir natural de oración conversacional con el Espíritu Santo al meditar en las Escrituras, invitándolo a que Él se revele. Luego reúnete con los que estás compartiendo esta trayectoria, e interactúen con las preguntas del discipulado.

Mateo 25:14-30

»El reino de los cielos será también como un hombre que, al emprender un viaje, llamó a sus siervos y les encargó sus bienes. [15] A uno le dio cinco mil monedas de oro, a otro dos mil y a otro sólo mil, a cada uno según su capacidad. Luego se fue de viaje. [16] El que había recibido las cinco mil fue en seguida y negoció con ellas y ganó otras cinco mil. [17] Así mismo, el que recibió dos mil ganó otras dos mil. [18] Pero el que había recibido mil fue, cavó un hoyo en la tierra y escondió el dinero de su señor.

¹⁹ »Después de mucho tiempo volvió el señor de aquellos siervos y arregló cuentas con ellos. ²⁰ El que había recibido las cinco mil monedas llegó con las otras cinco mil. "Señor — dijo—, usted me encargó cinco mil monedas. Mire, he ganado otras cinco mil." ²¹ Su señor le respondió: "¡Hiciste bien, siervo bueno y fiel! En lo poco has sido fiel; te pondré a cargo de mucho más. ¡Ven a compartir la felicidad de tu señor!" ²² Llegó también el que recibió dos mil monedas. "Señor —informó—, usted me encargó dos mil monedas. Mire, he ganado otras dos mil." ²³ Su señor le respondió: "¡Hiciste bien, siervo bueno y fiel! Has sido fiel en lo poco; te pondré a cargo de mucho más. ¡Ven a compartir la felicidad de tu señor!"

²⁴ »Después llegó el que había recibido sólo mil monedas. "Señor —explicó—, yo sabía que usted es un hombre duro, que cosecha donde no ha sembrado y recoge donde no ha esparcido. ²⁵ Así que tuve miedo, y fui y escondí su dinero en la tierra. Mire, aquí tiene lo que es suyo." ²⁶ Pero su señor le contestó: "¡Siervo malo y perezoso! ¿Así que sabías que cosecho donde no he sembrado y recojo donde no he esparcido? ²⁷ Pues debías haber depositado mi dinero en el banco, para que a mi regreso lo hubiera recibido con intereses.

²⁸ » "Quítenle las mil monedas y dénselas al que tiene las diez mil. ²⁹ Porque a todo el que tiene, se le dará más, y tendrá en abundancia. Al que no tiene se le quitará hasta lo que tiene. ³⁰ Y a ese siervo inútil échenlo afuera, a la oscuridad, donde habrá llanto y rechinar de dientes."

———————————————

Preguntas del discipulado:

o   ¿Qué dones te ha dado Dios de los que te has percatado?

o ¿Qué oportunidades tienes para usar esos dones?

o ¿Qué pasaría si los entierras? ¿Qué pasaría si los inviertes?

o ¿Qué riesgo necesitas tomar para invertir lo que Dios te ha confiado?

Pasos de acción:

o Tomando en cuenta esto, ¿qué te está pidiendo Dios a ti?

o ¿Cómo lo llevarás a cabo?

o   ¿Cuándo lo harás?

o   ¿Quién te ayudará?

2ª Parte:

Usando tus dones espirituales para bendecir a los demás

Pregunta clave: *¿Cómo estás usando tus dones para bendecir a otros?*

Todos tenemos dones diferentes – para eso es el cuerpo de Cristo. Cada uno de nosotros estamos incompletos sin el resto. Individualmente, podemos hacer una pequeña diferencia. Colectivamente, el impacto es enorme. Considera tus dones. ¿En qué eres bueno? ¿En qué dicen los demás que eres bueno? ¿Cómo te ha usado Dios en el pasado? ¿Qué es lo que te apasiona hacer? ¿Cómo puedes hacer eso para la gloria de Dios?

> "Si piensas que eres demasiado pequeño para hacer una diferencia, trata de dormir con un mosquito." – Dalai Lama XIV

Los dones espirituales sirven como una guía importante con la cual comenzar cuando consideramos servir a los demás, pero necesitamos recordar que Dios también nos puede usar si no tenemos ciertos dones. A veces Dios nos coloca en situaciones fuera de nuestra zona de comodidad o nos tiene trabajando en las áreas en las que nos sentimos fuera de nuestra intensidad. Esas pueden ser experiencias muy significativas para nuestro crecimiento. Visto desde un punto de vista práctico, el don primario de Jesús probablemente no era lavar pies… pero aún así lo hizo. De igual manera, debemos tener un corazón de siervo cuando estemos sirviendo a los demás. No hay tarea demasiado pequeña o insignificante.

Llena el espacio en blanco

Mira la lista de dones espirituales a continuación. Aunque estos se sacaron todos de las Escrituras, la lista puede estar incompleta. Al lado de cada don, escribe el nombre de por lo menos una persona que crees que tiene ese don. Cuando hayas terminado, mira la lista y pasa tiempo orando e imaginando lo que Dios quiere que tú hagas.

Profecía _____

Servicio _____

Enseñanza _____

Exhortación _____

Dar _____

Liderazgo _____

Discernimiento _____

Hospitalidad _____

Sanidad _____

Apostolado _____

Evangelismo _____

Misericordia _____

Fe _____

Administración _____

Pastorado _____

Esta semana lee y reflexiona diariamente en la Escritura presentada a continuación. Comienza un fluir natural de oración conversacional con el Espíritu Santo al meditar en las Escrituras, invitándolo a que Él se revele. Luego reúnete con los que estás compartiendo esta trayectoria, e interactúen con las preguntas del discipulado.

Romanos 12:3-21

Por la gracia que se me ha dado, les digo a todos ustedes: Nadie tenga un concepto de sí más alto que el que debe tener, sino más bien piense de sí mismo con moderación, según la medida de fe que Dios le haya dado. ⁴ Pues así como cada uno de nosotros tiene un solo cuerpo con muchos miembros, y no todos estos miembros desempeñan la misma función, ⁵ también nosotros, siendo muchos, formamos un solo cuerpo en Cristo, y cada miembro está unido a todos los demás. ⁶ Tenemos dones diferentes, según la gracia que se nos ha dado. Si el don de alguien es el de profecía, que lo use en proporción con su fe; ⁷ si es el de prestar un servicio, que lo preste; si es el de enseñar, que enseñe; ⁸ si es el de animar a otros, que los anime; si es el de socorrer a los necesitados, que dé con generosidad; si es el de dirigir, que dirija con esmero; si es el de mostrar compasión, que lo haga con alegría.

[9] El amor debe ser sincero. Aborrezcan el mal; aférrense al bien. [10] Ámense los unos a los otros con amor fraternal, respetándose y honrándose mutuamente. [11] Nunca dejen de ser diligentes; antes bien, sirvan al Señor con el fervor que da el Espíritu. [12] Alégrense en la esperanza, muestren paciencia en el sufrimiento, perseveren en la oración. [13] Ayuden a los hermanos necesitados. Practiquen la hospitalidad. [14] Bendigan a quienes los persigan; bendigan y no maldigan. [15] Alégrense con los que están alegres; lloren con los que lloran. [16] Vivan en armonía los unos con los otros. No sean arrogantes, sino háganse solidarios con los humildes. No se crean los únicos que saben.

[17] No paguen a nadie mal por mal. Procuren hacer lo bueno delante de todos. [18] Si es posible, y en cuanto dependa de ustedes, vivan en paz con todos. [19] No tomen venganza, hermanos míos, sino dejen el castigo en las manos de Dios, porque está escrito: «Mía es la venganza; yo pagaré», dice el Señor. [20] Antes bien,

«Si tu enemigo tiene hambre, dale de comer;
  si tiene sed, dale de beber.
Actuando así, harás que se avergüence de su conducta.»

[21] No te dejes vencer por el mal; al contrario, vence el mal con el bien.

Preguntas del discipulado:

- ○ ¿Qué dones te ha dado a ti específicamente?

- ○ ¿Para qué propósito crees que Dios te ha dado esos dones?

- ○ ¿Cuál es la mejor manera en las que puedes usar esos dones según tu entorno actual?

- ○ ¿Cuáles son algunas contribuciones únicas que puedes hacer?

- ○ ¿Cuáles son algunas maneras creativas en las que puedes usar tus dones en el futuro?

- ○ ¿Cuál puede ser el resultado?

Pasos de acción:

- o   Tomando en cuenta esto, ¿qué te está pidiendo Dios a ti?

- o   ¿Cómo lo llevarás a cabo?

- o   ¿Cuándo lo harás?

- o   ¿Quién te ayudará?

3ª Parte:

Dando tu dinero generosa y sabiamente

Pregunta clave: ¿Cómo estás dando tu dinero y tus recursos?

Así como nuestro tiempo y nuestros dones no son para nuestro uso personal solamente, de igual manera nuestro dinero, nuestras propiedades y nuestros recursos no se deben usar para nosotros mismos. Estos son regalos con los cuales Dios nos ha bendecido, y Él quiere que nosotros los usemos para bendecir a otros con ellos. Debemos practicar la generosidad en todas las áreas de nuestras vidas. Eso incluye nuestras finanzas. El dinero puede ser un aspecto difícil acerca del cual conversar. En la mayoría de las culturas, las personas son muy privadas acerca de asuntos financieros. Aún así, Dios espera que lo dejemos entrar a las áreas más privadas de nuestras vidas. Él nos dice que no debemos aferrarnos a nuestras posiciones para obtener una identidad, sino para acudir a Él.

Al dar, debemos ser generosos. Necesitamos ofrecer nuestro dinero con manos abiertas, reconociendo que realmente no es nuestro dinero, sino el de Dios. Nosotros somos mayordomos, y como tal, debemos dar sabiamente. Debemos dar de manera que promueva el trabajo en el reino, que traiga redención y esperanza al pobre, y que ayude a los demás a llegar a una posición en la que también puedan dar generosa y sabiamente.

"Dale un plato con arroz a un hombre, y lo alimentarás por un día. Enséñale a cultivar su propio arroz, y salvarás su vida." — Confucio

Esta semana lee y reflexiona diariamente en la Escritura presentada a continuación. Comienza un fluir natural de oración conversacional con el Espíritu Santo al meditar en las Escrituras, invitándolo a que Él se revele. Luego reúnete con los que estás compartiendo esta trayectoria, e interactúen con las preguntas del discipulado.

Lucas 12:15-21

»¡Tengan cuidado! —advirtió a la gente—. Absténganse de toda avaricia; la vida de una persona no depende de la abundancia de sus bienes.

16 Entonces les contó esta parábola:

—El terreno de un hombre rico le produjo una buena cosecha. 17 Así que se puso a pensar: "¿Qué voy a hacer? No tengo dónde almacenar mi cosecha." 18 Por fin dijo: "Ya sé lo que voy a hacer: derribaré mis graneros y construiré otros más grandes, donde pueda almacenar todo mi grano y mis bienes. 19 Y diré: Alma mía, ya tienes bastantes cosas buenas guardadas para muchos años. Descansa, come, bebe y goza de la vida." 20 Pero Dios le dijo: "¡Necio! Esta misma noche te van a reclamar la vida. ¿Y quién se quedará con lo que has acumulado?"

21 »Así le sucede al que acumula riquezas para sí mismo, en vez de ser rico delante de Dios.

Mateo 6:1-4, 19-21

»Cuídense de no hacer sus obras de justicia delante de la gente para llamar la atención. Si actúan así, su Padre que está en el cielo no les dará ninguna recompensa.

2 »Por eso, cuando des a los necesitados, no lo anuncies al son de trompeta, como lo hacen los hipócritas en las sinagogas y en las calles para que la gente les rinda homenaje. Les aseguro que ellos ya han recibido toda su recompensa. 3 Más bien, cuando des a los necesitados, que no se entere tu mano izquierda de lo que hace la derecha, 4 para que tu limosna sea en secreto. Así tu Padre, que ve lo que se hace en secreto, te recompensará.

»No acumulen para sí tesoros en la tierra, donde la polilla y el óxido destruyen, y donde los ladrones se meten a robar. 20 Más bien, acumulen para sí tesoros en el cielo, donde ni la polilla ni el óxido carcomen, ni los ladrones se meten a robar. 21 Porque donde esté tu tesoro, allí estará también tu corazón.

1 Timoteo 6:17-19

A los ricos de este mundo, mándales que no sean arrogantes ni pongan su esperanza en las riquezas, que son tan inseguras, sino en Dios, que nos provee de todo en abundancia para que lo disfrutemos. 18 Mándales que hagan el bien, que sean ricos en buenas obras, y generosos, dispuestos a compartir lo que tienen. 19 De este modo atesorarán para sí un seguro caudal para el futuro y obtendrán la vida verdadera.

Preguntas del discipulado:

- o ¿En qué manera estás siendo generoso con tus recursos? ¿En qué manera no lo estás siendo?

- o ¿Cuál es tu actitud interna cuando eres enfrentado con el prospecto de dar?

- o Ya que todos tenemos tiempo y recursos limitados, ¿cómo decides en qué invertir lo que tienes?

- o ¿Qué principios sigues para mostrar sabiduría al dar?

- o Con respecto a dar de tu dinero y recursos, ¿en qué áreas necesitas crecer?

> **Haz un presupuesto:** Siéntate con una hoja de papel y haz dos columnas. En una columna, escribe todas las fuentes de ingreso que tienes en el transcurso de un mes regular. En la otra columna, escribe todos tus gastos mensuales estándar (renta, gas, comida, ofrendas, etc.) ¿Qué notas acerca de cómo gastas tu dinero? ¿Qué notas acerca de tus prioridades?

Pasos de acción:

o Tomando en cuenta esto, ¿qué te está pidiendo Dios a ti?

o ¿Cómo lo llevarás a cabo?

o ¿Cuándo lo harás?

o ¿Quién te ayudará?

4ª Parte:

Mostrando hospitalidad sin favoritismo

Pregunta clave: ¿*Cómo estás mostrando hospitalidad?*

Las personas a menudo se sorprenden en encontrar que la hospitalidad es una parte de la generosidad. Muy a menudo, pensamos de la generosidad como sólo el dar dinero. Esa definición estrecha le saca la mayoría de la substancia y vida a lo que realmente es la generosidad. La generosidad comienza con un impulso del corazón a invitar. Invitamos a personas a nuestras vidas, a compartir nuestra comida, nuestro espacio y nuestro tiempo con nosotros.

También recuerda que la hospitalidad no es solamente para nuestros amigos. La hospitalidad significa invitar al desconocido y proveer sus necesidades prácticas. No depende de que tengamos un hogar demasiado grande o lujoso. No depende de nuestra destreza en la cocina. No depende de que tengamos una vivienda brillando de limpia. A menudo las personas sienten que la sencillez es más cómoda y auténtica. Después de todo, cuando invitamos a alguien a nuestro hogar, lo estamos invitando a nuestras vidas… con todo y cayos.

"No se trate de cuánto demos, sino de cuánto amor invirtamos al dar." — Madre Teresa

¿Cómo podemos practicar la hospitalidad en maneras sencillas? Podemos invitar a alguien a tomar café. Podemos llevarle comida a los enfermos. Podemos invitar a los que no reciben una invitación de nadie. Podemos salir a almorzar con un compañero de trabajo durante nuestra hora de descanso. Podemos organizar una fiesta. A pesar de que los medios clásicos son maravillosos, como invitar a alguien a tu casa a cenar, esa no es la única forma de mostrar la hospitalidad. Al participar en este estudio con otras personas, consideren algunos medios de hospitalidad que funcionarían bien en su situación y contexto particular.

> **Lluvia de ideas**
>
> Haz una lista de todas las formas distintas en las que puedes mostrar la hospitalidad. Considera la palabra "invitación". ¿A dónde puedes invitar a las personas?

Esta semana lee y reflexiona diariamente en la Escritura presentada a continuación. Comienza un fluir natural de oración conversacional con el Espíritu Santo al meditar en las Escrituras, invitándolo a que Él se revele. Luego reúnete con los que estás compartiendo esta trayectoria, e interactúen con las preguntas del discipulado.

Mateo 5:46-47

Si ustedes aman solamente a quienes los aman, ¿qué recompensa recibirán? ¿Acaso no hacen eso hasta los recaudadores de impuestos? [47] Y si saludan a sus hermanos solamente, ¿qué de más hacen ustedes? ¿Acaso no hacen esto hasta los gentiles?

Mateo 22:1-10

Jesús volvió a hablarles en parábolas, y les dijo: [2] «El reino de los cielos es como un rey que preparó un banquete de bodas para su hijo. [3] Mandó a sus siervos que llamaran a los invitados, pero éstos se negaron a asistir al banquete. [4] Luego mandó a otros siervos y les ordenó: "Digan a los invitados que ya he preparado mi comida: Ya han matado mis bueyes y mis reses cebadas, y todo está listo. Vengan al banquete de bodas." [5] Pero ellos no hicieron caso y se fueron: uno a su campo, otro a su negocio. [6] Los demás agarraron a los siervos, los maltrataron y los mataron. [7] El rey se enfureció. Mandó su ejército a destruir a los asesinos y a incendiar su ciudad. [8] Luego dijo a sus siervos: "El banquete de bodas está preparado, pero los que invité no merecían venir. [9] Vayan al cruce de los caminos e inviten al banquete a todos los que encuentren." [10] Así que los siervos salieron a los caminos y reunieron a todos los que pudieron encontrar, buenos y malos, y se llenó de invitados el salón de bodas.

Hebreos 10:1-3

La ley es sólo una sombra de los bienes venideros, y no la presencia misma de estas realidades. Por eso nunca puede, mediante los mismos sacrificios que se ofrecen sin cesar año tras año, hacer perfectos a los que adoran. [2] De otra manera, ¿no habrían dejado ya de hacerse sacrificios? Pues los que rinden culto, purificados de una vez por todas, ya no se habrían sentido culpables de pecado. [3] Pero esos sacrificios son un recordatorio anual de los pecados,

1 Pedro 4:8-10

Sobre todo, ámense los unos a los otros profundamente, porque el amor cubre multitud de pecados. [9] Practiquen la hospitalidad entre ustedes sin quejarse. [10] Cada uno ponga al servicio de los demás el don que haya recibido, administrando fielmente la gracia de Dios en sus diversas formas.

3 Juan 1:5-11a

Querido hermano, te comportas fielmente en todo lo que haces por los hermanos, aunque no los conozcas. [6] Delante de la iglesia ellos han dado testimonio de tu amor. Harás bien en ayudarlos a seguir su viaje, como es digno de Dios. [7] Ellos salieron por causa del Nombre, sin nunca recibir nada de los paganos; [8] nosotros, por lo tanto, debemos brindarles hospitalidad, y así colaborar con ellos en la verdad.

[9] Le escribí algunas líneas a la iglesia, pero Diótrefes, a quien le encanta ser el primero entre ellos, no nos recibe. [10] Por eso, si voy no dejaré de reprocharle su comportamiento, ya que, con palabras malintencionadas, habla contra nosotros sólo por hablar. Como si fuera poco, ni siquiera recibe a los hermanos, y a quienes quieren hacerlo, no los deja y los expulsa de la iglesia.

[11] Querido hermano, no imites lo malo sino lo bueno.

Preguntas del discipulado:

o ¿Qué significa la palabra "hospitalidad" para ti?

o ¿Cómo la ves usada en estas Escrituras?

o Platica acerca de un tiempo en el que demostraste hospitalidad intencionalmente. ¿Qué sucedió después?

o ¿Cuándo viviste la hospitalidad de alguien más? ¿Cómo fue, y qué sentiste?

o ¿Cómo se ve la hospitalidad en nuestra cultura?

Pasos de acción:

o   Tomando en cuenta esto, ¿qué te está pidiendo Dios a ti?

o   ¿Cómo lo llevarás a cabo?

o   ¿Cuándo lo harás?

o   ¿Quién te ayudará?

5ª Parte:

Viviendo el llamado que Dios te dio

Pregunta clave: *¿Cómo estás viviendo el llamado que Dios te dio?*

"Llamado" puede ser una palabra que intimida. ¿Cómo se supone que vamos a conocer algo tan monumental como nuestro llamado, y aún más, vivirlo? No a todos se les aparece una luz que casi los deja ciegos, como al apóstol Pablo. Esto es cierto, pero también es cierto que todo el mundo tiene un llamado. Este llamado no tiene que ser llevarle el evangelio a los Gentiles. Tu llamado puede ser criar a niños buenos. Puede ser tu ministerio de ir los jueves por la tarde a la cárcel, algo que hacer aparte de tu trabajo regular. Puede ser enseñar 3º grado. Todos tenemos llamados individuales... pero al juntar estos con los llamados de otros, se añaden a algo monumental. Dios nos pide a cada uno que hagamos nuestra parte. Eso es un llamado.

> "El éxito es darte cuenta de lo que Dios quiere que tú hagas, y hacerlo." –Sam Logan

Para el resto de nosotros que no hemos sido cegados por una luz como el apóstol Pablo, el llamado puede ser algo con lo cual nos tropezamos a lo largo del camino (o eso pareciera). Muy pocos de nosotros sabemos lo que queremos ser cuando crezcamos. En lugar de ello, comenzamos algo, cambiamos de dirección, aprendemos cosas a lo largo del camino, y eventualmente llegamos a un lugar que nunca esperábamos. Eso no significa que esto no es nuestro llamado. Si somos fieles en proseguir – aun cuando no estamos seguros de lo que estamos haciendo – Dios será fiel al guiarnos a dónde Él quiere llevarnos.

> **Haz un dibujo**
>
> Piensa en una imagen que represente "el llamado" para ti. ¿Qué ves? ¿Cómo lo articularías?

Esta semana lee y reflexiona diariamente en la Escritura presentada a continuación. Comienza un fluir natural de oración conversacional con el Espíritu Santo al meditar en las Escrituras, invitándolo a que Él se revele. Luego reúnete con los que estás compartiendo esta trayectoria, e interactúen con las preguntas del discipulado.

Efesios 2:10

Porque somos hechura de Dios, creados en Cristo Jesús para buenas obras, las cuales Dios dispuso de antemano a fin de que las pongamos en práctica.

Efesios 4:1-10

Por eso yo, que estoy preso por la causa del Señor, les ruego que vivan de una manera digna del llamamiento que han recibido, 2 siempre humildes y amables, pacientes, tolerantes unos con otros en amor. 3 Esfuércense por mantener la unidad del Espíritu mediante el vínculo de la paz. 4 Hay un solo cuerpo y un solo Espíritu, así como también fueron llamados a una sola esperanza; 5 un solo Señor, una sola fe, un solo bautismo; 6 un solo Dios y Padre de todos, que está sobre todos y por medio de todos y en todos.

[7] Pero a cada uno de nosotros se nos ha dado gracia en la medida en que Cristo ha repartido los dones. [8] Por esto dice:

«Cuando ascendió a lo alto,
　se llevó consigo a los cautivos
　y dio dones a los hombres.»

[9] (¿Qué quiere decir eso de que «ascendió», sino que también descendió a las partes bajas, o sea, a la tierra? [10] El que descendió es el mismo que ascendió por encima de todos los cielos, para llenarlo todo.)

Romanos 8:28

Ahora bien, sabemos que Dios dispone todas las cosas para el bien de quienes lo aman, los que han sido llamados de acuerdo con su propósito.

Miqueas 6:8

¡Ya se te ha declarado lo que es bueno!
　Ya se te ha dicho lo que de ti espera el SEÑOR:
Practicar la justicia,
　amar la misericordia,
　　y humillarte ante tu Dios.

———————————

Preguntas del discipulado:

○　¿Cómo entiendes tu llamado?

o   ¿Qué te ha quedado claro hasta ahora?

o   ¿Qué mentiras se ponen en el camino de que aceptes tu llamado?

o   Si no estás seguro de tu llamado específico, ¿cuáles son algunos pasos que podrías tomar para alumbrar tu camino?

o   ¿Cómo puedes ser fiel con lo que ya sabes que Dios te ha llamado a hacer?

Pasos de acción:

o   Tomando en cuenta esto, ¿qué te está pidiendo Dios a ti?

o ¿Cómo lo llevarás a cabo?

o ¿Cuándo lo harás?

o ¿Quién te ayudará?

¿Qué sigue?

Así que has terminado esta guía. ¿Ahora qué? Existe alguna otra dimensión del discipulado en la que debes enfocarte? Si es así, ¿en cuál?

Ya que las Dimensiones del Discipulado no tienen la intensión de ser usadas en un orden en particular, te toca a ti escuchar al Espíritu Santo. Observa el panorama general, y decide a dónde es que Dios te está guiando después. Al seguir un sistema integral, siempre será una sorpresa. No importa qué guía escojas a continuación, estás comprometido en un proceso continuo de acción—reflexión, al continuar viviendo encarnado y misionalmente. Todas las guías de Dimensiones del Discipulado se indican a continuación:

o *Experimentando a Dios:* Participando intencional y consistentemente con Dios en una relación más profunda

o *Capacidad de Respuesta Espiritual*: Escuchando al Espíritu Santo y actuando según lo que escuchas

o *Servicio Sacrificial:* Haciendo buenas obras, aún cuando sea costoso, inconveniente o un desafío

o *Una Vida Generosa:* Fielmente administrando lo que Dios te ha dado para que el reino avance

o *Haciendo Discípulos:* Haciendo más y mejores seguidores de Cristo al vivir la Gran Comisión

o *Transformación Personal:* Cambiando tu conducta y actitud por tu relación con Dios y con los demás

o *Relaciones Auténticas:* Participando con otras personas en maneras que reflejen el corazón de Dios hacia ellos

- *Transformación en la Comunidad:* Una participación personal con otros para facilitar un cambio positivo donde vives y más allá

Tal vez lo que sigue no es otra guía de las Dimensiones del Discipulado. Estas son algunas otras opciones:

- Si tienes un amigo o un mentor con el cual has estado leyendo estas guías, o si te gustaría comenzar a discipular a alguien más, puedes incrementar grandemente la productividad de tu relación de asesor usando la siguiente herramienta: www.disciple.mycoachlog.com—esta te ayudará a permanecer en el camino, reflexionar en lo que Dios está haciendo, y celebrar el progreso.

- Tal vez estés listo para tomar esta relación con un asesor al siguiente nivel, ya sea buscando un asesor, aprendiendo cómo ser asesor, o entrenando a tu iglesia en lo que hace un asesor. Visita www.loganleadership.com para mayores informes acerca de estas oportunidades.

- Puedes seguir con series similares, como por ejemplo: Las guías The Journey Together Now ("El camino juntos ahora"). Puedes encontrar más información acerca de estas guías, y las podrás descargar en www.journeytogethernow.com.

Sin importar lo que sigue para ti, continúa creciendo en maneras en las que seguirás este viaje continuo del discipulado.